주일

영원(永遠)과 연결되는 시간

주일
Lord's day

배창돈 지음

교회성장연구소

/

그리스도인과 주일

그리스도인에게 주일은 너무나 중요한 날이기에 주일의 의미를 알고 신앙생활 하는 사람과 그렇지 못한 사람은 큰 차이가 있다. 1970-1980년대만 해도 주일을 생명처럼 지킨 사람들이 많았다. 그러나 지금은 그런 사람이 많지 않다.

주일을 철저하게 지키던 시대와 주일을 가볍게 여기는 오늘날은 너무나 다르다. 죄악이 세상에 가득 차서 숨을 쉴 수 없을 만큼 두려운 사건들이 매일 반복되고 있다.

주일 성수와 영적인 상태는 깊은 관계가 있기 때문이다. 날이 갈수록 악해져 가는 이 시대에 주일에 대한 의미를 살펴보는 것은 중요한 일이라고 할 수 있을 것이다.

하나님께서 주일을 우리에게 주신 것은 축복이다. 워런 워어스비(Warren Wiersbe)는 「월간 무디」(Moody Monthly)에서 주일에 대한 중요성을 이렇게 표현했다. "주일이 그리스도인에게 승리의 날이기 위해서는 모든 성도들이 마음을 굳게 먹고 시작해야 한다."

주일은 복된 날이다. 그런데도 현대인들이 주일을 복으로 여기지 않는 이유는 그 중요성을 잘 모르기 때문일 것이다.

성경적인 관점으로 주일을 살펴보며 올바른 신앙생활을 하는 데 큰 도움이 되었으면 한다.

평택대광교회 담임목사
배창돈

목차

제1장

성경적인
관점에서 본
주일 성수

성경적인 관점에서 본 주일 성수

그리스도인에게 주일은 중요한 날이다. 그러나 주일을 온전히 지키기란 쉽지 않다. 세상이 주일을 지키지 못하도록 끊임없이 공격하고 있기 때문이다. 직장인이나 학생들은 주일을 지킬 때 눈앞에 다가오는 불이익 때문에 고민한다. 무신론자였던 프랑스의 작가 볼테르(Voltaire)는 "그리스도인을 없애려면 먼저 주일부터 없애야 한다"고 말했다. 그리스도인의 정체성을 나타내는 요소가 바로 주일이기 때문이다. 그리스도인이 지키는 주일은 구약시대의 안식일에서부터 시작되었다.

안식일은 하나님의 명령

하나님께서 모든 것을 창조하신 후에 안식일을 제정하시고 지킬 것을 강조하셨다. 하나님께서 이 세상을 창조하신 이후 만드신 최초의 제도가 안식일 제도인 것을 보면 사람에게 얼마나 중요한 날인지 잘 알 수 있다.

사탄은 안식일 제도를 무너뜨리기 위해 수단과 방법을 가리지 않고 사람들을 유혹하고 있다. 주일 성수가 되지 않으면 하나님 앞에 나아가 예배를 제대로 드리지 못할 것이며, 그 결과는 영적인 침체로 이어져 죄에 무감각한 상태가 된다. 더 나아가 세상은 날이 갈수록 악해져 갈 수밖에 없다.

이스라엘 백성이 쾌락과 오락에 빠져 안식일을 형식적으로 지킬 때 하나님은 심하게 책망하셨다. 안식일을 지키는 것이 신앙 회복의 첫걸음임을 아셨기 때문이다.

예레미야 17장 27절에서는 안식일을 가볍게 여길 때의 결과에 대해 말씀하고 있다.

그러나 만일 너희가 나를 순종하지 아니하고 안식일을 거룩되게 아니하여 안식일에 짐을 지고 예루살렘 문으로 들어오면 내가 성문에 불을 놓아 예루살렘 궁전을 삼키게 하리니 그 불이 꺼지지 아니하리라 하셨다 할지니라 하시니라 (렘 17:27)

안식일을 준수하지 않을 때 그 결과가 예루살렘의 멸망으로 이어질 것을 말씀하신 것이다. 오늘날 주일 성수가 무너지면 그 끝은 우리가 속한 공동체가 무너지게 됨을 명심해야 한다. 실제로 우리는 악이 세상을 사로잡아 모든 질서가 무너지고 있음을 목도하며 그 아픔을 느끼고 있다.

안식일 제도의 중요성은 십계명에서도 찾아볼 수 있다. 하나님은 네 번째 계명으로 안식일을 지키라고 말씀하셨다.

안식일을 기억하여 거룩하게 지키라 (출 20:8)

안식일이란 히브리어로 '사바트'(שבת)라고 부른다. 한 주의 일곱째 되는 날로 금요일 일몰에서 시작하여 토요일 일몰까지를 안식일이라 칭한다.

안식일은 하나님이 자신의 백성을 위해 제정하신 것으로, 안식일을 지키는 것은 선택받은 백성의 특권이며 하나님의 백성임을 나타내는 표지라고 할 수 있다.

유대인을 유대인답게 만들어 준 것 역시 바로 안식일 제도이다. "안식일이 존재하는 한 유대인은 망하지 않는다"라고 할 정도로 이스라엘 백성은 안식일을 중요하게 여긴다.

하나님은 선지자들을 통해 안식일을 지킬 것을 거듭 강조하셨고 지키지 않을 때는 강하게 책망하셨다.

그 때에 내가 본즉 유다에서 어떤 사람이 안식일에 술틀을 밟고 곡식단을 나귀에 실어 운반하며 포도주와 포도와 무화과와 여러 가지 짐을 지고 안식일에 예루살렘에 들어와서 음식물을 팔기로 그 날에 내가 경계하였고 또 두로 사람이 예루살렘에 살며 물고기와 각양 물건을 가져다가 안식일에 예루살렘에서도 유다 자손에게 팔기로 내가 유다의 모든 귀인들을 꾸짖어 그들에게 이르기를 너희가 어찌 이 악을 행하여 안식일을 범하느냐 너희 조상들이 이같이 행하지 아니하였느냐 그래서 우리 하나님이 이 모든 재앙을 우리와 이 성읍에 내리신 것이 아니냐 그럼에도 불구하고 너희가 안식일을 범하여 진노가 이스라엘에게 더욱 심하게 임하도록 하는도다 하고 안식일 전 예루살렘 성문이 어두워갈 때에 내가 성문을 닫고 안식일이 지나기 전에는 열지 말라 하고 나를 따르는 종자 몇을 성문마다 세워 안식일에는 아무 짐도 들어

오지 못하게 하였으므로 장사꾼들과 각양 물건 파는 자들이 한두 번 예루살렘 성 밖에서 자므로 내가 그들에게 경계하여 이르기를 너희가 어찌하여 성 밑에서 자느냐 다시 이같이 하면 내가 잡으리라 하였더니 그 후부터는 안식일에 그들이 다시 오지 아니하였느니라 (느 13:15-21)

안식일의 주인

또 이르시되 안식일이 사람을 위하여 있는 것이요 사람이 안식일을 위하여 있는 것이 아니니 이러므로 인자는 안식일에도 주인이니라 (막 2:27-28)

그러나 예수님 당시에는 바리새인들이 만든 여러 가지 제약 때문에 참된 안식일의 의미가 희석되었고, 안식일을 지키는 것이 희생을 각오해야 하는 힘든 일로 여겨졌다. 그러나 안식일은 육체의 노동으로부터 해방되어 인간이 휴식을 취하도록 주신 날 즉, 인간의 유익을 위하여 제정하신 날이다.

따라서 마가복음 2장 27-28절은 안식일에 대해 부정적으로 생각하는 인간들을 염려하신 주님께서 참된 안식을 누리게 하시는 분임을 알리기 위해 하신 말씀이다.

인간은 안식일을 지키기 위해 노력했지만 실제로는 육체적인 노동에서 완전하게 해방된 것은 아니었다. 기본적인 노동인 식사를 준비하는 일, 성막에서 봉사하는 일 등은 할 수밖에 없었고, 병중에 있는 자들은 육적인 고통으로부터 안식할 수 없었다. 그리고 죄 가운데 있는 자 역시 양심의 가책에서 벗어날 수 없었다.

그러나 예수님을 믿을 때 이런 문제로부터 자유할 수 있다. 따라서 인자이신 예수님은 구원자일 뿐 아니라 모든 사람의 주이시다. 그러므로 예수님은 안식일의 주인이라고 할 수 있다.

안식일과 주일의 관계

구약시대의 안식일을 오늘날 주일로 지키게 된 것에 대해 여러 가지 이야기가 있지만, 일치하는 내용은 그리스도께서 구속 사역을 완성하셨음을 상징하는 '부활의 날'을 주일로 지키게 되었다는 것이다. 구약의 안식일이 하나님의 창조의 완성을 기념하는 것이라면, 주일은 죄와 사망을 이기신 그리스도께서 부활하심을 기념하는 날이라고 할 수 있다.

주일을 지킨 사실에 대해서는 성경을 통해서 살펴볼 수 있다. 사도 바울은 안식일의 실체는 예수님에게서 발견된다고 했고, 초대교회는 예수님께서 부활하신 주일에 모였다.

이것들은 장래 일의 그림자이나 몸은 그리스도의 것이니라 (골 2:17)

매주 첫날에 너희 각 사람이 수입에 따라 모아 두어서 내가 갈 때에 연보를 하지 않게 하라 (고전 16:2)

여기서 '매주 첫날'은 현재의 주일로, 초대교회 성도들이 주께서 부활하신 날을 기념하여 안식일 다음 날인 매주 첫날 예배를 드렸음을 알려 주고 있다.

그 주간의 첫날에 우리가 떡을 떼려 하여 모였더니 바울이 이튿날 떠나고자 하여 그들에게 강론할 새 말을 밤중까지 계속하매 (행 20:7)

이 말씀에서 '그 주간의 첫날' 역시 주일을 가리킨다. 이 구절을 통해 초대교회 성도들이 주일에 모여 예배드렸음을 알 수 있다.

주의 날에 내가 성령에 감동되어 내 뒤에서 나는 나팔 소리 같은 큰 음성을 들으니 (계 1:10)

여기서 '주의 날'은 주일을 가리키는 것으로, 요한도 주일을 거룩하게 지키는 중에 성령에 감동된 것으로 보인다.

구약에서는 안식일 자체만을 구별된 날로 지켰지만, 예수님을 통해 죄로부터의 자유를 누리는 성도들은 자신이 구별된 제물임을 기억해야 한다. 거룩함을 추구하며, 더 적극적으로 주일을 지켜야 하는 것이다. 안식일의 의미는 구약시대나 지금이나 주일에 그대로 담겨 있다.

내가 율법이나 선지자를 폐하러 온 줄로 생각하지 말라 폐하러 온 것이 아니요 완전하게 하려 함이라 (마 5:17)

율법과 자유

구약시대에는 안식일을 어기는 것 율법을 어기는 것으로 보았다. 율법은 한 가지만을 어겨도 율법 전체를 어긴 것으로 간주되었다. 즉, 안식일을 어기면 율법에 불순종함으로 엄한 처벌을 받았던 것이다. 그래서 안식일의 의미보다는 율법을 지키기 위해 지키는 자들이 많았다.

예수님은 '안식일이 사람을 위해 있다'고 하심으로 율법에 얽매여서 안식일을 지키고 하나님의 뜻을 제대로 알지 못하는 자들에게 복음을 통해 자유함을 얻게 된 것을 말씀하셨다.

지금은 구약시대처럼 안식일을 어겼다고 해서 죽임을 당하지는 않는다. 하지만 자유가 주어졌다고 육체의 기회로 삼아서는 안 된다.

주일 성수는 신앙생활에 큰 영향을 끼친다. 주일 성수를 가볍게 생각하는 자는 하나님의 말씀에 쉽게 불순종하고 예배까지도 가볍게 여기므로 신앙의 기본이 흔들릴 수 있다. 그 결과 교회가 제 역할을 감당하지 못하고 세상에서 영향력이 약화하어 가고 있음을 직시해야 할 것이다.

성도는 은혜로 구원받았다고 해서 안식일의 의미를 무시하거나 가볍게 여겨 율법의 가치를 떨어뜨려서는 안 된다. 은혜로 구원받은 자에게는 전보다 더 힘 있는 다른 법을 주셨기 때문이다. 그것은 바로 '사랑의 법'이다. 주일을 지킬 때도 그 동기가 다른 데서 와야 함을 알려 주신 것이다. 이제는 강요에 의해서가 아니라, 은혜가 주일을 신령과 진정으로 성수하는 신앙생활을 가져오도록 해야 함을 의미한다.

오늘날 주일 성수 하는 자를 율법주의자로 여기거나 주일 성수에 대해 자기중심적으로 해석해서 가볍게 여기는 사람들이 많다. 율법으로부터 자유함을 누리게 되었다고 해서 사람의 소견대로 행동하므로 하나님께서 베풀어 주신 은혜의 권능까지 무시해서는 안 된다.

성도는 주 예수께서 친히 우리에게 주신 새로운 법 아래 있다. 그것이 바로 그리스도의 법, 바로 사랑의 법이다. 예수께서는 요한복음 15장에서 그의 제자들에게 말씀하셨다.

내가 아버지의 계명을 지켜 그의 사랑 안에 거하는 것 같이 너희도 내 계명을 지키면 내 사랑 안에 거하리라 (요 15:10)

내 계명은 곧 내가 너희를 사랑한 것 같이 너희도 서로 사랑하라 하는 이것이니라 (요 15:12)

새 계명을 너희에게 주노니 서로 사랑하라 내가 너희를 사랑한 것 같이 너희도 서로 사랑하라 너희가 서로 사랑하면 이로써 모든 사람이 너희가 내 제자인 줄 알리라 (요 13:34-35)

우리는 율법의 시대를 지나 은혜의 시대를 살고 있다. 그렇다고 해서 하나님의 뜻을 무시하고 시대의 조류에 따라 살거나 사람들의 의견대로 살라고 하시는 것이 아니다. 성경은 "자유하게 하는 온전한 율법'(약1:25)인 사랑의 법 아래 있다"라고 했다. 이것을 가장 잘 표현한 것이 "사랑은 율법의 완성이니라"라는 말씀이다.

자유롭게 하는 온전한 율법을 들여다보고 있는 자는 듣고 잊어버리는 자가 아니요 실천하는 자니 이 사람은 그 행하는 일에 복을 받으리라 (약 1:25)

사랑은 이웃에게 악을 행하지 아니하나니 그러므로 사랑은 율법의 완성이니라 (롬 13:10)

우리가 주일을 거룩하게 지키는 것도 율법의 저주에서 우리를 해방시켜주신 주님의 크신 사랑에 감사하는 신앙고백이다. 그러므로 구원의 은혜를 아는 자라면 즐겁게 주일을 지키며 안식의 복을 누려야 한다.

이제는 주일 성수를 짐으로 여기거나 수동적인 자세로 지킬 것이 아니라 복음을 통해 베풀어 주신 은혜에 감사하며 더욱 적극적으로 지켜야 한다. 안식일과 연관되어 주신 말씀을 주일 성수의 지침으로 여기며 말이다.

형제들아 너희가 자유를 위하여 부르심을 입었으나 그러나 그 자유로 육체의 기회를 삼지 말고 오직 사랑으로 서로 종노릇 하라 (갈 5:13)

복된 날

복은 하나님께서 사람에게 주시는 것이다. 하나님은 그 형상대로 창조하신 사람에게 적극적으로 복 주기를 원하신다. 창세기를 보면 번성, 복이라는 단어가 많이 나온다.

남자와 여자를 창조하셨고 그들이 창조되던 날에 하나님이 그들에게 복을 주시고 그들의 이름을 사람이라 일컬으셨더라 (창 5:2)

하나님이 노아와 그 아들들에게 복을 주시며 그들에게 이르시되 생육하고 번성하여 땅에 충만하라 (창 9:1)

여호와께서 아브람에게 이르시되 너는 너의 고향과 친척과 아버지의 집을 떠나 내가 네게 보여 줄 땅으로 가라 내가 너로 큰 민족을 이루고 네게 복을 주어 네 이름을 창대하게 하리니 너는 복이 될지라 (창 12:1-2)

사람은 누구나 복을 누리며 살고 싶어 한다. 창조주이신 하나님께서 주시는 복을 누리며 산다면 그보다 더 큰 기쁨은 없을 것이다. 그러므로 우리는 하나님을 인정하고 그분의 말씀에 귀를 기울여야 한다.

하나님은 안식일을 통해 복 주기를 원하시기에 안식일 제도는 사람에게 복된 제도임을 알 수 있다. 그러므로 주일은 사람을 구속하기 위한 날이 아니라 사람에게 복된 날인 것이다. 주님께서 자신의 생명까지 주심으로 구속하시고 하나님의 자녀로 삼은 자들에게 주일의 복을 주시는 것은 지극히 당연한 일이라고 할 수 있을 것이다.

하나님이 그 일곱째 날을 복되게 하사 거룩하게 하셨으니 이는

하나님이 그 창조하시며 만드시던 모든 일을 마치시고 그 날에 안식하셨음이니라 (창 2:3)

거룩함

하나님은 안식일을 통해 자신의 정체성을 알려 주셨다. 성도들은 구별된 자이기에 구별된 날인 안식일을 지키면서 거룩함을 추구하며 살기를 원하시는 하나님의 뜻을 따르려고 노력해야 한다.

안식일을 기억하여 거룩하게 지키라 (출 20:8)

이스라엘 백성은 안식일이 되면 거룩함을 추구하기 위해 새롭게 각오를 다졌을 것이다. 한국교회 성도들도 1970~1980년대만 해도 주일 성수를 생명처럼 여겼다. 어떻게 보면 어리석게 보일 정도로 주일을 지키기 위해 노력했다.

그러나 오늘날 성도들은 이전보다 주일을 가볍게 여긴다. 이기적인 논리를 내세워 핑계를 대고, 자유주의적인 신학을 앞세워 합리화한다. 복음의 은혜에 감사해서 주일을 잘 지키는 것 자체도 율법주의로

몰아가며 비아냥거린다.

그렇다면 성도가 주일을 가볍게 여기는 것과 이 세상의 타락은 어떤 관계가 있을까? 우리의 생각보다 밀접한 관계가 있다.

주일을 잘 지키던 이전보다, 주일 성수에 무뎌진 오늘날 훨씬 비도덕적이고 타락한 세상이 되었다. 교회 안은 어떤가? 교회와 성도들의 도덕적인 수준이 이전보다 높아졌다고 말할 수 없다. 덩달아 세상의 수준도 엉망이 되고 있다. 동방예의지국이라던 우리나라가 무례함과 무질서, 타락의 길을 걷고 있다.

그리스도인은 주일만 구별된 삶을 사는 자가 아니다. 하나님 앞에서 제물이라는 마음으로 살아가야 한다. 주일 성수를 잘하는 자는 자신이 제물임을 기억하고 제물로서의 삶을 살 확률이 높다. 다시 말해 거룩함을 추구하며 살 가능성이 높다는 것이다.

그러므로 형제들아 내가 하나님의 모든 자비하심으로 너희를 권하노니 너희 몸을 하나님이 기뻐하시는 거룩한 산 제물로 드리라 이는 너희가 드릴 영적 예배니라 (롬 12:1)

구약시대 모든 제사의 제물은 건강하고 흠 없는 것으로 드려야 했다. 이처럼 그리스도인은 주일에 한 번 예배드리는 '선데이 크리스천'

이 되어서는 안 된다. 매일의 삶이 흠 없는 제물로서의 삶이 되어야 한다. 구별된 자의 삶을 살아야 하는 것이다.

거룩이란 '구별된 것'을 뜻한다. 거룩은 하나님의 성품인 동시에 하나님께서 우리에게 원하시는 성품이다.

나는 너희의 하나님이 되려고 너희를 애굽 땅에서 인도하여 낸 여호와라 내가 거룩하니 너희도 거룩할지어다 (레 11:45)

기록되었으되 내가 거룩하니 너희도 거룩할지어다 하셨느니라 (벧전 1:16)

사람이 동물과 다른 점이 있다면, 바로 하나님의 형상을 따라 지음 받았다는 것이다. 하나님의 형상을 따라 지음 받은 자가 하나님의 성품을 닮고 하나님과 교제하는 것은 지극히 당연한 일이다. 거룩함이란 하나님과 깊은 교제를 하며 사는 조건이다. 주일을 지킴으로 구별된 자로서의 거룩함을 지속적으로 추구하고, 하나님과의 교제를 통해 새 힘을 얻게 되는 것이다.

하나님이 이르시되 우리의 형상을 따라 우리의 모양대로 우리가

사람을 만들고 그들로 바다의 물고기와 하늘의 새와 가축과 온
땅과 땅에 기는 모든 것을 다스리게 하자 하시고 (창 1:26)

피조물인 인간이 창조주이신 하나님과 교제할 수 있는 조건은 외모
도 지식도 재능도 아니다. 오직 한 가지 거룩함이다. 그러므로 성도들
은 주일 날 하나님께 예배를 드리며 말씀 앞에서 자신의 모습을 돌아
보고 하나님 앞에서 거룩함을 추구해 나가야 한다.

하나님과 깊은 교제의 삶을 통해 하나님의 은혜와 지혜를 얻으면,
하나님께 더 감사하게 되고 하나님께 영광을 돌려 드릴 수 있다.

따라서 주일을 구별하여 거룩함을 추구하며 하나님과 교제하며 사
는 것이 성도의 마땅한 삶이며 복된 삶이다.

하나님이 그 일곱째 날을 복되게 하사 거룩하게 하셨으니 이는
하나님이 그 창조하시며 만드시던 모든 일을 마치시고 그 날에
안식하셨음이니라 (창 2:3)

거룩함을 추구하며 사는 자는 영적 면역력이 강하다.

각종 전염병이나 병을 이기는 첫 번째 방법은 면역력을 키우는 것
이다. 그렇다면 영적인 면역력은 무엇일까? 바로 거룩함이다. 거룩함

을 추구하며 사는 자는 죄의 유혹을 이길 수 있다. 죄의 유혹을 이기는 자, 즉 거룩함을 추구하는 자가 하나님으로부터 쓰임 받는다.

다니엘과 세 친구는 제사 드린 후에 나오는 궁중 산해진미를 거부하고 열흘 동안 채식과 물만을 먹었지만 얼굴과 살이 더 윤택해졌고 (단 1:15), 하나님은 그들에게 지혜와 총명이 온 나라의 박수와 술객보다 십 배나 낫도록 해 주셨다.

그리스도인은 평생 거룩함을 추구하며 살아야 한다. 하나님은 거룩함을 간절히 구하는 자를 귀하게 여기신다. 하나님의 말씀을 주신 이유도 거룩하게 하기 위함이다. 한순간 방심하거나 한눈을 팔다가 진흙탕에 들어갈 수 있기 때문이다.

이는 곧 물로 씻어 말씀으로 깨끗하게 하사 거룩하게 하시고 자기 앞에 영광스러운 교회로 세우사 티나 주름 잡힌 것이나 이런 것들이 없이 거룩하고 흠이 없게 하려 하심이라 (엡 5:26-27)

교회가 크고, 성도들이 세상에서 높은 지위에 있고 부유하다고 좋은 교회가 아니다. 말씀을 잘 받아서 거룩함을 추구하는 성도가 많은 교회가 좋은 교회이다. 하나님의 말씀을 겸손히 받고 순종했던 데살로니가교회는 소문난 교회가 되었다. 성도들이 하나님의 영광을 잘 드러냈기 때문이다. 하나님의 말씀을 따라 구별된 자의 삶을 사는 성도가 많은 교회가 하나님께 영광을 돌려 드린다.

단지 형식적인 주일 성수가 아닌 마음과 정성을 다해 제물로서 예배드리는 자가 영적인 힘을 가진 자이다. 거룩함이 힘이다. 영적인 힘은 거룩함을 추구하며 사는 자에게 있음을 기억해야 한다.

건강과 생산성

이 세상을 창조하신 하나님께서는 모든 것을 만드시고, 쉬시고, 안식하셨다. 모든 피조물도 쉼이 필요하다. 땅도 계속 경작하면 비옥함을 유지할 수 없다. 인간도 마찬가지로 쉬지 않고 일하면 생산성을 유지할 수 없다. 이를 잘 아시는 하나님께서는 인간이 쉬지 않고 일하도록 하지 않으셨다.

너는 엿새 동안에 네 일을 하고 일곱째 날에는 쉬라 네 소와 나귀가 쉴 것이며 네 여종의 자식과 나그네가 숨을 돌리리라 (출 23:12)

하나님은 6일 동안 일하고 하루를 쉬도록 만드셨다. 사람은 주일을 통해 생체의 리듬을 유지하도록 지음을 받았다는 것을 잊어서는 안 된다.

러시아의 공산 혁명 이후 공산주의자들은 기독교를 말살하려는 계획으로 7일 동안 일하고 8일 만에 쉬는 법을 만들었다. 그러나 노동자의 몫을 늘리기 위함이라고 유혹하며 시작한 이 법은 얼마 가지 않아 없어지고 말았다. 소득이 올라가기는커녕 오히려 감소하기 시작했기 때문이다.

30%나 줄어든 소득을 보며 공산주의자들은 또 다른 꾀를 내었다. 5일 동안 일하고 6일 만에 쉬도록 한 것이다. 노동자를 위하는 공산주의의 우월성을 강조하며 말이다. 그러나 그 결과도 기대 이하의 생산에 그치자 결국 7일 만에 쉬는 것으로 환원하고 말았다.

프랑스 혁명은 무신론 혁명으로 혁명 주체 세력들이 사람들의 노동 일수를 조정했다. 이들 역시 7일 만에 쉬던 것을 10일 만에 쉬도록 했다. 그들도 일을 좀 더 많이 해서 낙후된 산업을 발전시키려고 했지만 10일제를 시행한 후 40%의 손실을 보고는 다시 7일 휴무제로 바꾸었다고 한다.

영국의 로열 아카데미에서 "사람은 며칠에 한 번 쉬는 것이 좋은가"

를 연구해서 그 결과를 발표했다. 그 결과는 "7일째 쉬는 것이 가장 이상적이다"였다.

　일본 홋카이도대학의 농학부(農学部)는 일본의 농업 발전에 크게 이바지한 명문교이다. 이 학교에 다녔던 우치무라 간조(內村鑑三)와 그의 친구 여섯 명은 주일 성수에 우선순위를 두었다. 그들은 졸업할 때 1등에서 7등까지 모두 차지했다고 한다. 그들은 적어도 4년 동안 다른 학생들보다 200일 이상 공부하지 못했지만, 주일 성수와 안식을 통해 가장 좋은 성적을 얻을 수 있었다.

　이런 결과는 오늘날에도 많은 그리스도인이 간증을 하고 있다. 스위스의 헤글러 박사는 낮의 수고로 소비되는 산소가 하룻밤의 안식으로 회복되는 양보다 많지만, 주일에 안식함으로 일주일 동안 쌓인 산소의 손실을 보충할 수 있다고 했고, 이 사실은 많은 실험을 통해 입증되었다고 한다.

　오스트레일리아의 총리였던 조셉 쿡(Joseph Cook)은 사람은 이렇게 말했다. "내가 세계에서 자유국가의 지도를 볼 때, 스위스, 영국, 미국 등 주일을 가장 잘 지키는 나라들이 안정된 민주국가를 세운 것이 우연이 아닌 것처럼 보인다."

또한 이 세상에서 가장 장수하는 민족이 유대인이라고 한다. 유대
인들은 어느 지역에서나 장수하는 것으로 나타나 있다. 그들에게 장
수비결을 물어보면 서슴없이 안식일을 잘 지켰기 때문이라고 말한다.

하나님께서 주일을 주시지 않았다면 사람은 쉼을 통한 생체리듬을
유지하지 못하고 육체가 망가졌을 것이다. 이처럼 주일은 사람에게
복된 날로, 주일을 주신 하나님께 감사하며 지켜야 한다.

철저히 지키기를 원하시는 하나님

무엇보다 하나님의 말씀에 순종하는 것이 하나님을 존중해 드리는
것이라 할 수 있다. 하나님은 그중에서도 안식일을 가장 철저하게 지
키기를 원하신다. 우리가 안식일을 잘 지키기를 매우 강력하게 원하신
다. 엄한 명령에는 그에 따른 보상도 그만큼 크다는 사실을 알 수 있다.

만일 안식일에 네 발을 금하여 내 성일에 오락을 행하지 아니하
고 안식일을 일컬어 즐거운 날이라, 여호와의 성일을 존귀한 날
이라 하여 이를 존귀하게 여기고 네 길로 행하지 아니하며 네 오
락을 구하지 아니하며 사사로운 말을 하지 아니하면 네가 여호

와 안에서 즐거움을 얻을 것이라 내가 너를 땅의 높은 곳에 올리고 네 조상 야곱의 기업으로 기르리라 여호와의 입의 말씀이니라 (사 58:13-14)

주일을 철저히 잘 지킬 것을 요구하시면서 마지막에 "여호와 입의 말씀이니라"라고 하신 것은 하나님의 말씀임을 다시 한번 강조한 것이다. 주일을 지키는 자세와 하나님을 향한 자세를 따로 분리해서 생각할 수 없기 때문이다.

주일에 예배를 드린 것으로 주일을 지켰다고 생각하고, 나머지 시간에 오락을 추구한다면 주일을 온전히 지킨 것이 아니다. 예배 후에도 자신의 계획에 따라 행동하기보다는 말씀에 합당한 생활을 해야 한다. 형식적으로 드린 예배로 주일을 잘 지켰다고 생각하는 자세는 바르지 못하다.

너는 마음을 다하고 뜻을 다하고 힘을 다하여 네 하나님 여호와를 사랑하라 (신 6:5)

하나님이 주시는 즐거움

이사야 58장 13절은 "안식일을 일컬어 즐거운 날이라", 14절에서는 "네가 여호와 안에서 즐거움을 얻을 것이라"라고 말씀하고 있다. 이는 주일이 즐거운 날, 기쁜 날임을 뜻한다. 창조주 하나님께서 주일을 즐거운 날이라고 하신 이유를 깊이 생각해 보아야 한다. 사람의 생각에서 나온 말이 아니라 진리이신 하나님의 말씀이기 때문이다.

주일을 짐으로 여기고 억지로 지켜서는 안 된다. 주님께서 주시는 즐거움이 있음을 알고 적극적인 자세로 지킬 때 하나님은 그 대가로 "여호와 안에서 즐거움을 얻는다"고 말씀하셨다. 그렇다면 여호와 안에서 누리는 즐거움은 어떤 것일까?

이는 하나님께서 주시는 즐거움을 말하는 것이다. 사람이 주는 즐거움이 잠시라면, 하나님께서 주시는 즐거움은 영원한 것으로 그 가치 역시 일시적인 것과 비교할 수 없다. 사람이 만든 음료수는 맛있지만, 시간이 지나면 다시 목마르며 갈증을 온전히 해소해 주지 못한다. 그러나 하나님께서 주신 물은 영원한 갈증을 해소해 준다. 이처럼 하나님께서 주시는 즐거움의 가치는 인간이 만들거나 추구하는 것과 비교조차 되지 않을 정도로 가치가 있다.

번영에 대한 약속

이사야 58장 14절은 "네가 여호와 안에서 즐거움을 얻을 것이라 내가 너를 땅의 높은 곳에 올리고 네 조상 야곱의 기업으로 기르리라"라고 기록하고 있다. '땅의 높은 곳'은 번영을 약속하는 말씀이다.

하나님께서 약속하신 사람의 번영이 주일을 지키는 것과 관계가 있다면 우리가 주일을 온전히 지키는 것이 지혜로운 행위라고 할 수 있다.

미국의 정치가이자 법률가로 국무장관을 역임했던 다니엘 웹스터(Daniel Webster)는 이런 말을 했다. "주일은 하나님의 법일 뿐 아니라 자연의 법이다. 그것을 습관적으로 무시하는 개인이나 국가는 반드시 재난이나 슬픔을 당한다."

또한, 영국의 역사가이자 정치가였던 토마스 매콜리(Thomas Babington Macaulay)는 이렇게 말했다. "주일이 지난 3세기 동안 안식의 날로 지켜져 오지 않았다면 우리는 현재보다 가난하고 덜 문명화 되었을 것을 추호도 의심하지 않는다."

존귀한 날

이사야 58장 13절 하반절에는 "여호와의 성일을 존귀한 날이라 하여 이를 존귀하게 여기고"라는 말씀이 나온다. 이 '존귀함'의 의미는 이어서 나오는 말씀을 보면 이해하기 쉬울 것이다. "네 길로 행하지 아니하며 네 오락을 구하지 아니하며 사사로운 말을 하지 아니하면"인데, 주일을 자기가 하고 싶은 일, 자기의 일을 위해 소비하지 말라는 뜻이다.

사람들은 모든 날과 시간을 자신의 마음대로 사용하려고 한다. 하지만 우리는 하나님께서 우리에게 모든 날과 시간을 주신 것을 알고 있다.

우리의 연수가 칠십이요 강건하면 팔십이라도 그 연수의 자랑은
수고와 슬픔뿐이요 신속히 가니 우리가 날아가나이다 (시 90:10)

하나님은 인간의 모든 날을 주셨기 때문에, 우리가 사용하는 날에 관해 말씀할 수 있는 권한을 가지고 계신다. 그렇기 때문에 하나님께서 주신 날 가운데 7분의 1을 구별해서 드리는 것은 손해가 아니고, 하나님을 위해 해야 할 당연한 도리이다.

성경에서 어떤 부자가 사업이 잘돼서 큰 창고를 짓고 즐기며 살 것에 대한 기대감에 부풀어 있을 때 하나님께서 이렇게 말씀하셨다.

하나님은 이르시되 어리석은 자여 오늘 밤에 네 영혼을 도로 찾으리니 그러면 네 준비한 것이 누구의 것이 되겠느냐 하셨으니 (눅 12:20)

우리가 사는 모든 시간은 하나님께서 주셨음을 기억해야 한다. 그리고 하나님은 시간을 내어 주일을 지키는 자들을 위해 특별한 선물을 준비하고 계신다. 그 선물은 '하나님 안에서의 즐거움을 누리는 것'이다.

주일을 지키는 것을 율법주의라고 주장하는 사람들 때문에 주일을 온전히 지키는 자가 적어지고 있다. 결국, 이런 현상은 하나님의 말씀을 우습게 여기는 모습으로 나타나게 되었다. 주일은 성도에게 주신 축복의 날이기에 우리는 주일을 지킬 때마다 주님께서 우리에게 주신 십자가의 사랑과 부활을 생각하며 감사한 마음으로 적극적인 자세로 지켜야 할 것이다.

주일과 전도

주님께서 이 땅에 오신 목적은 한 영혼을 구원하기 위함이다.

인자가 온 것은 잃어버린 자를 찾아 구원하려 함이니라 (눅 19:10)

한 영혼을 주님께로 인도하는 일보다 더 큰 일은 없다. 그렇다면 주일 성수가 전도에 어떤 영향을 끼칠까? 주일 성수를 고집하다가 사업에 불이익을 당하고, 가정이나 직장에서 따돌림을 당한다고 생각할 수도 있다. 물론 한시적으로는 불이익과 어려움을 당할 수 있다. 그러나 그것은 한 영혼의 중요성을 모르기 때문에 생기는 오해이다.

예를 들어 고용주가 주일에 자신은 예배드리러 나오면서, 사업장 문을 닫지 않고 운영한다면 고용인들은 주일을 지키지 못할 것이다. 그러나 진정한 주일 성수는 나만 주일을 지키는 것이 아니라, 이웃이 함께 주일을 지킬 수 있도록 돕는 것이다. 교회 주변의 가게들이 주일에 장사가 더 잘된다면, 이는 그들이 주님 앞으로 나오는 것을 성도들이 가로막는 행위라고 볼 수 있을 것이다.

결과적으로, 주일 성수를 잘 하면 잘 할수록 많은 영혼을 주님께로 인도할 수 있다.

Lord's day

제2장

안식일을 통해
주시는 메시지

제2장 ─────┼

안식일을 통해
주시는 메시지

1. 만나와 안식일

하나님은 이스라엘 백성이 광야 생활을 하는 동안 먹을 양식으로 만나를 주셨다. 도무지 사람의 머리로는 이해가 되지 않는 일이다. 그러나 이 세상을 창조하시고, 세상을 주관하시는 하나님께서 이 일을 하시는 것은 지극히 당연한 일이다.

만나는 깟씨같이 희고 꿀 섞은 과자 같다고 했다. 깟씨는 미나릿과에 속하는 고수풀의 씨를 말하는데, 이 씨는 흰색에 가까운 옅은 노란색을 띠며, 크기는 겨자씨 정도라고 한다. 추측하건대 애굽 사람들이 곡물가루에 꿀을 섞어 튀겨 먹은 음식과 그 맛이 비슷했을 것이라고 보고 있다. 애굽의 맛에 익숙해진 이스라엘 백성의 입맛까지 배려하심으로 세심한 하나님의 사랑을 보여 주신 것이다.

이스라엘 족속이 그 이름을 만나라 하였으며 깟씨 같이 희고 맛
은 꿀 섞은 과자 같았더라 (출 16:31)

아무리 맛있는 음식이라도 몇 끼를 계속 먹으면 질리게 마련이다.
그러나 만나는 40년 동안 먹어도 질리지 않았다.

이처럼 하나님께서 주신 것은 질리지 않는다. 땅에서 나는 온갖 채
소들은 오래 먹어도 질리지 않고, 하나님께서 주신 생수를 마시면 목
마르지 않다. 그러나 사람들이 즐겨 찾는 간편식이나 음료수는 오래
먹고 마시면 질릴 뿐 아니라 몸에 부작용이 나타난다.

사람이 사는 땅에 이르기까지 이스라엘 자손이 사십 년 동안 만
나를 먹었으니 곧 가나안 땅 접경에 이르기까지 그들이 만나를
먹었더라 (출 16:35)

끝까지 책임져 주시는 하나님

하나님께서는 이스라엘 백성이 가나안에 도착할 때까지 40년 동안 만나와 메추라기, 그리고 마실 물을 주셨다. 200만 명이 넘는 그 많은 사람의 양식을 매일 40년 동안 공급해 주신 것이다. 하나님은 이스라엘 백성을 끝까지 책임져 주셨다.

사람이 사는 땅에 이르기까지 이스라엘 자손이 사십 년 동안 만나를 먹었으니 곧 가나안 땅 접경에 이르기까지 그들이 만나를 먹었더라 (출 16:35)

이처럼 예수님을 믿고 하나님의 자녀가 되면, 하나님께서 보호자가 되시고 공급자가 되셔서 우리의 인생을 끝까지 책임져 주신다.

내가 아버지께 구하겠으니 그가 또 다른 보혜사를 너희에게 주사 영원토록 너희와 함께 있게 하리니 (요 14:16)

하나님은 만나를 모든 백성 한 사람당 한 오멜 씩을 주셨다. 오멜은 곡물의 양을 나타내는 단위로 약 2.3ℓ에 해당한다. 하나님께서는 "가족마다 식구 수대로 한 사람당 한 오멜씩 거두되, 장막 안에 있는 가족의 분량도 거두라"라고 하셨다.

햇빛과 물과 양식을 모든 사람에게 공평하게 주셨듯이 모든 이스라엘 백성에게 만나도 공평하게 주신 것이다. 하나님은 언제나 누구에게나 공평하신 분이다.

여호와께서 이같이 명령하시기를 너희 각 사람은 먹을 만큼만 이 것을 거둘지니 곧 너희 사람 수효대로 한 사람에 한 오멜씩 거두되 각 사람이 그의 장막에 있는 자들을 위하여 거둘지니라 하셨느니라 (출 16:16)

만나는 생명이다

일용할 양식인 만나를 공평하게 주셔서 광야 생활을 하게 하신 것은 하나님께서 매일 생명을 주신 것이라고 할 수 있다. 만나를 통해 생명을 유지할 힘을 얻기에 만나의 가치는 정말 대단한 것이다.

생명의 가치는 어떤 가치와도 비교되지 않는다. 이 지구상에 가장 값진 보석은 '호프 다이아몬드'로, 그 값어치가 2천 8백억이라고 한다.

이 다이아몬드는 미국의 스미스소니언 자연사 박물관(Smithsonian NMNH)의 방탄유리 안에 전시되어 있다.

그러나 이렇게 귀한 다이아몬드도 하나님이 주신 생명과는 비교가 안 된다.

생명보다 더 귀한 것이 하나님께서 은혜로 주신 구원이다. 그런데 우리는 구원을 통해 받은 영생(영원한 생명)의 가치를 종종 당연한 것으로 생각한다. 구원받은 우리가 가진 영생이 얼마나 소중한가를 깨달아야 한다.

하나님은 최고의 가치인 영생을 예수님을 통해 누구에게나 주기를 원하신다.

자신의 죄를 회개하고 예수님을 믿기만 하면 누구에게나 영생을 주신다. 남녀노소 귀천의 차이가 없다. 누구든지 예수님을 믿기만 하면 영생을 얻을 수 있다. 얼마나 감사한 일인가?

예수님은 이 사실을 말씀해 주셨다.

수고하고 무거운 짐 진 자들아 다 내게로 오라 내가 너희를 쉬게 하리라 (마 11:28)

구원받은 성도는 예수님이 멀리 계시는 것이 아니라 우리 안에 계심을 믿어야 한다.

볼지어다 내가 문 밖에 서서 두드리노니 누구든지 내 음성을 듣고 문을 열면 내가 그에게로 들어가 그와 더불어 먹고 그는 나와 더불어 먹으리라 (계 3:20)

예수님의 제자들이 복음을 전하다가 이적이 일어나는 것을 보고 흥분할 때 예수님께서 말씀하셨다.

그러나 귀신들이 너희에게 항복하는 것으로 기뻐하지 말고 너희 이름이 하늘에 기록된 것으로 기뻐하라 하시니라 (눅 10:20)

구원받아 영원한 생명을 얻은 것보다 더 중요한 것은 없다는 것을 말씀하신 것이다. 최고의 가치를 이미 받은 우리는 매일 감사해야 할 것이다.

냄새나는 욕심

하나님은 만나를 매일 주시고 한 오멜 씩만 가져가라고 말씀하셨다. 대부분의 사람은 순종했으나 욕심 때문에 불순종한 사람들이 있었다. 이런 사람들을 다 아신 하나님께서는 아침까지 만나를 남겨두지 말라고 하셨다.

만나를 하나님의 뜻 안에서 먹을 때는 꿀이 섞인 맛있는 과자였지만, 하나님의 뜻을 어기고 다음 날까지 두었다가 먹으려 하면 역한 냄새가 나고 벌레가 생겨서 먹을 수가 없었다.

욕심은 하나님께서 매일 양식을 공급해주신다는 사실을 의심하는 것이다. 말씀을 믿지 못하여 순종하지 않고 욕심을 부린 결과물에는 더럽고 악취가 난다는 사실을 알아야 한다.

모세가 그들에게 이르기를 아무든지 아침까지 그것을 남겨두지 말라 하였으나 그들이 모세에게 순종하지 아니하고 더러는 아침까지 두었더니 벌레가 생기고 냄새가 난지라 모세가 그들에게 노하니라 (출 16:19-20)

안식일에는 거두지 마라

하나님은 매일 한 오멜씩 만나를 공급해 주셨다. 먹을 것 없는 광야에서 매일 거두고 먹는 만나의 맛은 특별했을 것이다. 그런데 안식일에는 거두러 가지 말라고 하셨다. 대신 안식일 전날에는 갑절의 만나를 주셨다.

여섯째 날에는 각 사람이 갑절의 식물 곧 하나에 두 오멜 씩 거둔지라 회중의 모든 지도자가 와서 모세에게 알리매 모세가 그들에게 이르되 여호와께서 이같이 말씀하셨느니라 내일은 휴일이니 여호와께 거룩한 안식일이라 너희가 구울 것은 굽고 삶을 것은 삶고 그 나머지는 다 너희를 위하여 아침까지 간수하라 (출 16:22-23)

하나님은 안식일을 지키게 하시기 위해 미리 그 전날 갑절로 주셨다.

안식일에도 일하면 더 많이 거둘 것으로 생각하는 사람들이 많다. 그러나 하나님은 만나를 통해 안식일에 일하는 것은 아무런 유익이 없음을 보여주셨다. 만나를 매일 주신 것은 양식을 통해 하나님께서 생명의 공급자이심을 알려 주신 것이다. 공급자이신 하나님은 주일 하루를 쉬어도 삶을 책임져 주신다.

그러나 사람은 재물을 더 많이 모으기 위해 주일에도 쉬지 않고 일하려고 한다. 이런 모습은 어리석은 모습이다. 모든 것을 공급해 주시는 주님을 인정하지 못하는 모습이기 때문이다. 주일을 지키는 것은 하나님을 하나님으로 인정하는 것이며, 주일을 온전히 지킬 때 하나님께서 주일에 먹을 것까지 채워 주신다는 사실을 우리는 믿어야 한다.

하나님은 우리 생명의 주인이시며 삶의 공급자이시다. 사람의 인생은 하나님의 공급하심에 달려 있다. 하나님께서 창조하신 사람은 하나님의 법칙대로 살아야 한다.

안식일 지키는 것을 기뻐하시는 하나님

안식일은 일하지 말고 온전히 쉬라고 하셨기 때문에 만나를 거두러 나갈 필요가 없었다. 하나님은 이스라엘 백성에게 쉬면서 육적인 회복과 영적으로 새 힘을 얻으라고 명령하셨다.

만나를 많이 거두어 다음 날까지 두면 벌레가 생기고 냄새가 났지만, 안식일 전날에 거둔 만나는 다음날이 되어도 바로 그날 거둔 것과 같았다. 사막의 더운 날씨에도 전혀 상하지 않았다. 요즘처럼 냉장고도 없던 시대였는데 말이다. 이 사실을 통해 하나님께서 주일을 지키는 것을 기뻐하시고, 그 필요를 공급해 주신다는 사실을 알 수 있다.

그들이 모세의 명령대로 아침까지 간수하였으나 냄새도 나지 아니하고 벌레도 생기지 아니한지라 (출 16:24)

만약 주일이 없다면 어떻게 될까? 매일 쉼 없이 일해야 할 것이고 결국 지쳐서 병들 수밖에 없을 것이다. 일주일에 하루 쉼의 시간을 주셨으니 얼마나 감사한 일인가?
우리가 그냥 넘길 수 없는 또 하나의 중요한 사실은 하나님께서도 안식일에 쉬셨다는 것이다.

하나님이 그가 하시던 일을 일곱째 날에 마치시니 그가 하시던 모든 일을 그치고 일곱째 날에 안식하시니라 (창 2:2)

하나님의 형상을 닮은 사람이 하나님의 말씀에 따라 살아가는 것은 지극히 당연한 것이다. 하나님은 안식일을 지키는 것을 좋아하신다. 안식일을 지키는 것을 하나님께서 좋아하신다는 사실을 만나를 통해 알 수 있다.

안식일을 어긴 자에 대한 책망

그런데 안식일에 거두러 나간 자도 있었다. 이런 자들은 두 가지 문제를 가지고 있다. 의심과 욕심이다. 이것은 단순히 음식의 문제가 아니라 하나님을 향한 불신의 죄이다. 하나님은 이들을 책망하셨다.

일곱째 날에 백성 중 어떤 사람들이 거두러 나갔다가 얻지 못하니라 여호와께서 모세에게 이르시되 어느 때까지 너희가 내 계명과 내 율법을 지키지 아니하려느냐 (출 16:27-28)

그리고 하나님께서 크게 진노하셨음을 발견할 수 있다.

너희는 안식일을 지킬지니 이는 너희에게 거룩한 날이 됨이니라 그 날을 더럽히는 자는 모두 죽일지며 그 날에 일하는 자는 모두 그 백성 중에서 그 생명이 끊어지리라 (출 31:14)

안식일을 지키지 않으면 왜 생명까지 끊어질 것이라고 하셨을까? 안식일을 지키는 것이 생명과 연결될 만큼 중요하다는 사실을 강조하신 것이다. 그 이유를 본문에서 더 명확하게 찾을 수 있다. 만나를 통해 매일을 살아갈 수 있도록 생명을 주신 하나님은 생명을 가져가실 권한도 가지신 분임을 보여주신 것이다.

이처럼 주일을 지키는 것은 생명을 주신 하나님을 인정하는 것이며, 주일을 가볍게 여기는 것은 하나님께서 생명을 주신 분임을 인정하지 않는 것과 같다.

안식일을 지키는 자는 복 있는 자

안식일에 거두러 나간 자들은 아무것도 얻지 못한 채 헛수고만 했다.

'안식일을 지키는가, 지키지 않는가?' 하는 문제는 하나님을 얼마나 신뢰하느냐 하는 것과 직결된다. 하나님은 안식일을 지키는 자가 복된 자임을 분명히 말씀하셨다.

안식일을 지켜 더럽히지 아니하며 그의 손을 금하여 모든 악을 행하지 아니하여야 하나니 이와 같이 하는 사람, 이와 같이 굳게 잡는 사람은 복이 있느니라 (사 56:2)

이사야 56장 4-7절에서는 안식일을 지키는 자, 특히 자녀를 나을 수 없는 자가 안식일을 잘 지키면 아들딸보다 나은 기념물을 주시고 영원한 이름을 주신다고 하셨다.

반면에 안식일에 일하는 것은 헛수고임도 분명하게 알려 주셨다. 주일에 열심히 일해도 아무런 이득이 없다. 공급자이신 하나님께서 주시지 않기 때문이다. 즉, 주일을 지키는 자는 복 있는 자이다.

안식일을 지키는 것은 하나님의 백성의 특권

안식일을 지키는 것은 구별된 하나님의 백성이라는 표시이다.

너는 이스라엘 자손에게 말하여 이르기를 너희는 나의 안식일을 지키라 이는 나와 너희 사이에 너희 대대의 표징이니 나는 너희를 거룩하게 하는 여호와인 줄 너희가 알게 함이라 (출 31:13)

안식일을 지키는 것은 하나님의 백성 된 자의 당연한 의무요 믿는 자의 표시라는 것이다. 안식일을 지키는 자가 하나님과 깊은 교제를 할 수 있음을 이사야 56장 6-7절에서 말씀하고 있다.

내가 내 집에서, 내 성 안에서 아들이나 딸보다 나은 기념물과 이름을 그들에게 주며 영원한 이름을 주어 끊어지지 아니하게 할 것이며 또 여호와와 연합하여 그를 섬기며 여호와의 이름을 사랑하며 그의 종이 되며 안식일을 지켜 더럽히지 아니하며 나의 언약을 굳게 지키는 이방인마다 내가 곧 그들을 나의 성산으로 인도하여 기도하는 내 집에서 그들을 기쁘게 할 것이며 그들의 번제와 희생을 나의 제단에서 기꺼이 받게 되리니 이는 내 집은 만민이 기도하는 집이라 일컬음이 될 것임이라 (사 56:5-7)

하나님은 안식일을 잘 지키는 자의 기도와 예배를 기쁘게 받으신다고 하셨다. 하나님과 깊은 교제를 하고 싶은가? 하나님께서 기뻐하시는 자가 되고 싶은가? 그렇다면 주일을 잘 지키는 자가 되면 된다.

준비하는 자가 안식일을 지킨다

주일을 통한 복은 아무나 받는 것이 아니다. 하나님 앞에 잘 준비된 자가 받는다. 출애굽기 16장 23절을 보면 잘 알 수 있다.

모세가 그들에게 이르되 여호와께서 이같이 말씀하셨느니라 내일은 휴일이니 여호와께 거룩한 안식일이라 너희가 구울 것은 굽고 삶을 것은 삶고 그 나머지는 다 너희를 위하여 아침까지 간수하라 (출 16:23)

이 땅의 모든 일에는 준비가 필요하듯이 복된 자가 되기를 원하면 주일을 미리 준비해야 한다. 주일에 대한 기대감과 간절함이 있어야 한다.

토요일에 밤늦게까지 놀고, 다른 날보다 더 바빠서 늦게 잠자리에 든다면 그는 주일이 얼마나 중요한지를 모르는 사람일 것이다. 이런 사람은 결코 주일을 준비된 자세로 맞이할 수 없다. 습관적, 형식적으로 예배의 자리에 나간다 해도 주님께 온전한 예배자가 될 수 없고, 말씀을 통해 은혜를 받을 수 없음은 당연하다.

주일이 얼마나 중요한 날인데 아무 준비 없이 지킬 수 있겠는가? 그리스도인이라면 마땅히 주일의 복을 누리도록 기도해야 할 것이다.

2. 안식일에 대한 하나님의 뜻

안식일에 대한 하나님의 애착

하나님은 "모든 명령을 지켜 행하라"라고 말씀하신다. 안식일에 대해서도 대충 지키거나 가볍게 여기는 것을 원하시지 않는다. 철저하게 지키기를 원하신다.

민수기 15장 32-35절을 보면, 이스라엘 사람 중 한 사람이 안식일에 나무하는 자를 발견하고 어떻게 해야 할지 하나님께 물었다. 그 질문에 하나님께서는 모든 백성이 보는 앞에서 돌로 쳐 죽이라고 하셨다.

이 사건은 안식일을 지키는 것이 얼마나 중요한가를 모든 백성에게 보여주신 것이다. 한 사람의 죽음을 통해 모든 백성에게 깨우쳐 주실 만큼 안식일에 대한 하나님의 애정이 얼마나 대단하신지를 알 수 있다.

이스라엘 자손이 광야에 거류할 때에 안식일에 어떤 사람이 나무하는 것을 발견한지라 그 나무하는 자를 발견한 자들이 그를 모세와 아론과 온 회중 앞으로 끌어왔으나 어떻게 처치할는지 지시

하심을 받지 못한고로 가두었더니 여호와께서 모세에게 이르시
되 그 사람을 반드시 죽일지니 온 회중이 진영 밖에서 돌로 그를
칠지니라 (민 15:32-35)

안식일은 은혜받는 날이다

하나님의 책망과 진노가 큰 이유는 안식일을 지킬 때 주어지는 복
이 그만큼 크기 때문이다. 안식일을 통해 복 주기를 원하시는 하나님
의 강력한 의지를 나타내 보여 주신 것이다.

성도에게는 때에 따른 하나님의 은혜가 필요하다. 교회에 나와서
말씀을 듣고 은혜받고, 기도를 통해 하나님의 은혜를 경험한다. 하나
님이 주시는 은혜를 통해 지친 몸과 마음이 회복된다. 말씀을 통해 문
제를 해결 받고 기뻐한다. 교제를 통해 기쁨과 행복을 나눈다. 성도에
게 주일은 단지 쉬는 날이 아니다. 은혜를 통해 영적, 육적으로 충전
하는 날이다.

현대인에게는 월요병이 있다. 주말에 쉬어도 피곤해하고 힘들어한
다. 그러나 주일을 잘 지키는 자는 쉼과 회복뿐 아니라 기쁨이 충만하
고 감사가 넘친다.

안식이 필요하다

하나님은 안식의 법칙을 사람에게만 적용하신 것이 아니다. 땅도 쉬도록 하셨다. 쉬지 않고 계속해서 땅을 경작하면 양분이 고갈되어서 풍성한 열매를 수확할 수 없다.

어릴 적 부모님께서 경작하시던 조그만 텃밭이 있었는데, 비료도 주지 않고 풀을 뽑아 주지 않아도 깻잎과 부추가 잘 자랐다. 그런데 매년 그렇게 잘 되던 깻잎과 부추가 7년째 되는 해에는 제대로 자라지 않았다. 땅의 양분이 사라졌기 때문이었다.

안식일과 안식년 제도는 과학적으로도 인간에게 유익함이 증명되었다. 휴식 없이 살아가다 보면 쉽게 방전이 되고, 병이 들어 아무것도 할 수 없게 된다. 안식은 사람에 대해서 가장 잘 아시는 하나님께서 주신 세심한 배려이다. 안식년을 가지는 것은 당장은 손해처럼 보이지만, 멀리 보면 사람에게 유익이 된다. 하나님은 언제나 은혜와 사랑을 베풀어 주시는 분이다.

안식일은 하나님의 품에 안기는 날이다

자녀가 부모의 품에 안겨서 편안해하는 모습을 생각해 보라. 어린 아이에게 가장 편안한 안식의 때가 부모에게 안겼을 때이다. 안식일은 이런 날이다. 주일은 자녀들이 부모의 품에 안기듯이 자녀 된 우리가 하나님의 품에 안기는 날이다. 하나님이 주시는 복, 하나님이 주시는 은혜를 통해 편안한 안식을 얻는 날이며, 우리의 문제를 내놓고 아뢰고, 말씀을 통해 해결 받는 날이다. 더 나아가 하나님이 주시는 위로를 받고 힘을 얻는 시간이다. 그리고 육체가 회복되는 시간이다.

아직도 하나님 말씀을 가볍게 여기고 있다면 하나님 말씀대로 살아보라. 인간은 하나님이 만드신 피조물이다. 하나님이 가장 사랑하시는 피조물이다. 사람이 하나님의 법칙대로 살면 행복하다.

할렐루야, 여호와를 경외하며 그의 계명을 크게 즐거워하는 자는 복이 있도다 (시 112:1)

안식일은 하나님이 창조하신 이후 안식하신 날이고, 주일은 예수님께서 죄로부터 안식을 주신 날이다. 예수님이 부활하신 주일은 죄인이었던 우리가 의롭다고 인정을 받은 날이며 죄로부터 안식을 얻은 날이다. 우리는 이 복되고 귀한 주일 하나님께 나아가 안식의 복을 누려야 한다.

안식일의 주인이신 예수님이 부활하신 주일을 안식일의 원리와 정신을 생각하며 지켜야 한다.

구약시대에는 율법에 따라 안식일을 지키지 않으면 벌을 받았기 때문에 두려운 마음으로 안식일을 지켰다. 우리는 그 시대처럼 벌을 받지는 않지만, 예수님께서 우리에게 영원한 생명을 주시고 영원한 안식을 주신 것에 감사하며 적극적으로 주일을 지켜야 한다. 예수님을 통해 영원한 안식을 보장받은 성도들은 영생을 얻은 하늘의 시민답게 자부심을 가지고, 이 땅에서 즐거움과 감사함으로 주일을 지켜야 한다.

Lord's day

제3장

주일 성수의
중요성

주일 성수의
중요성

주일을 지키기 위해 핍박을 당하고 불이익을 감수하는 성도들에 대해 어리석은 짓이라고 취급해서는 안 된다. 주일을 지키기 위한 노력에는 반드시 그에 합당한 열매가 있다.

주일 성수가 무너지면 예배가 제대로 드려지지 않을 것이고, 예배 생활이 제대로 되지 않으면 하나님과의 정상적인 관계를 유지할 수 없다. 그 결과는 당장 나타나지 않을 수도 있다. 다만, 서서히 영적인 어둠에 덮여 죄가 가득하고 무질서와 고통 가운데 빠질 것이다. 세월이 지날수록 주일 성수의 개념이 희미해지고 있다. 그 결과를 우리는 눈으로 보며 온몸으로 체험하고 있다.

주일 성수를 철저하게 하던 시대와 주일을 가볍게 여기는 현대의 두드러진 차이가 바로 죄악을 보는 시각이 달라진 것이다. 이전에는 죄를 바로 알고 분별했기에 죄에 대해서 민감한 반응을 보였다. 주일 성수를 가볍게 여기는 오늘날은 어떤가? 양심이 마비되고 도덕과 윤리가 무너져 버리고 말았다. 이전에는 부끄러워하던 죄도 지금은 개인의 인권이나 단체를 위한다는 이유를 들어 그럴싸하게 포장하며 사람들의 눈을 속인다. 더 나아가 죄를 범하면서도 부끄러움이 없이 뻔뻔하게 행동하면서 합리화하는 시대가 되고 말았다.

주일의 의미를 희석시키기 위한 사탄의 첫 번째 전술이 무엇일까? 그것은 바로 주일 예배를 드리지 못하도록 하는 것이다. 사탄은 성도들에게 모여서 예배드리지 않아도 문제가 없다며 합리화한다.

물론 혼자 예배드릴 수도 있다. 그러나 하나님께서는 성도의 교제를 독려하셨다. 교제 없는 예배를 정당화하기 시작하면 결국 모여서 드리는 주일예배를 가볍게 여기고, 성도의 교제가 막혀 영적인 침체로 이어진다.

초대 교회 성도들은 모이기를 힘쓰고 합심해서 하나님께 찬송과 영광을 돌려 드렸다. 성도의 모임 가운데 형제의 교통이 있다. 서로의 삶을 보며 도전을 받아 깨닫고 아픔을 함께하며 위로하고, 위로를 받는다. 모임을 통해 지체 의식을 가지게 되고 사랑과 겸손, 화평의 지혜를 배우게 된다.

초대 교회의 부흥은 우연이 아니다. 합당한 이유가 있다. 그 첫 번째 이유는 바로 모이기를 힘썼기 때문이다.

날마다 마음을 같이 하여 성전에 모이기를 힘쓰고 집에서 떡을 떼며 기쁨과 순전한 마음으로 음식을 먹고 (행 2:46)

마지막 때가 되면 사람은 모이는 것을 싫어한다. 개인주의가 사회를 파고들어 다른 타인과 함께 하는 것을 좋아하지 않기 때문이다.
요즘 성도들도 마찬가지다. 이전과 다르게 잘 모이지 않는다. 각자의 삶이 바쁜 데다가 굳이 모여야 할 필요성을 느끼지 못한다. 곁에 있으면서도 얼굴 보며 대화하지 않고, 핸드폰으로 대화하는 시대가 되었다. 이는 현대화와 물질만능시대의 영향 때문이기도 하다.
주님의 재림이 가까워지고 있다. 마지막 때가 가까울수록 성도들은 모이기를 힘써야 한다. 하나님께서 미리 말씀을 통해 알려 주셨다.

모이기를 폐하는 어떤 사람들의 습관과 같이 하지 말고 오직 권하여 그 날이 가까움을 볼수록 더욱 그리하자 (히 10:25)

앞으로도 사탄은 우리가 모이지 못하도록 하는 데 온 힘을 쏟을 것이 분명하다. 우리의 모임을 방해하기 위해 여러 가지 방법을 사용할 것이다. 그 방법에는 무엇이 있을까?

먼저 내부에 있는 가룟 유다 같은 자를 이용하여 혼란하게 하는 방법이다.

예수님의 제자로 위장된 자들을 통해, 하나님의 뜻인 모임을 방해하는 것이다. 위장된 성도로, 위장된 제자로 변장하여 세상의 논리를 지지하도록 유도하고 내부를 혼란케 하는 방법이다. 내부에 있는 자들을 이용하는 것은 가장 효과적인 방법 중에 하나이다. 그들은 안식일의 의미를 폄훼하고 주일의 중요성을 가볍게 여기도록 한다. 그들은 한두 번 정도 주일 성수를 하지 않아도 큰 문제가 되지 않는다고 믿음이 약한 자들을 흔들 것이다.

또한 사탄은 외부의 힘으로 주일 예배와 모임을 위협한다.

사탄은 이 방법을 실현하기 위해 세상의 권력자들이 사용해 왔다. 세상의 권력자들은 언론을 이용하여 특정 사건을 부각하고, 권력을 이용하여 주일에 드리는 예배를 방해한다. 이방 종교를 가진 지도자들과 전체주의 지도자들, 공산주의자들이 주일 예배와 성도들의 모임을 적극적으로 방해했던 수많은 예는 역사를 통해 잘 알 수 있다. 그들에 맞서, 주일을 지키기 위해 생명을 걸었던 믿음의 사람들의 영향력은 오늘날에도 세계 곳곳에 스며들어 흘러가고 있다.

Lord's day

제4장

주일을 성수한
믿음의 사람들

제4장

주일을 성수한
믿음의 사람들

주일은 하나님께서 인간을 위해 만드신 날이다. 하나님을 경배하고 찬양하는 축제의 날이요 하나님께서 제정하신 복되고 거룩한 날이다.

미국이 세계 최고의 강대국이 된 것은 우연이 아니다. 신앙의 자유를 얻기 위해 신대륙으로 이주한 후 그들은 하나님을 경외하고 사랑하려고 노력하였다.

초대 대통령 조지 워싱턴(George Washington)은 주일 성수를 위해 모든 작업을 중단하라고 했다. 재커리 테일러(Zachary Taylor, 12대)는 대통령 취임식이 주일로 잡히자 하나님의 명령이 우선이라며 취임식을 거부하여 상원의장이 24시간 대통령 직무를 대신했다고 한다. 링컨(Abraham Lincoln, 16대)은 주일에는 일을 그치고 편히 쉬라고 하였고, 그

랜트(Ulysses Simpson Grant, 18대)는 파리에서 주일에 열린 경마 참관을 거부했다. 헤이스(Rutherford B. Hayes, 19대)도 주일 예배에 빠지지 않았으며, 가필드(James A. Garfield, 20대)는 취임 후 첫 주일예배를 드리기 위해 국가비상 각료 회의 참석을 거부했다. 루스벨트(Franklin D. Roosevelt, 26대)도 주일을 성실하게 지켰고, 윌슨(Woodrow Wilson, 28대)은 전쟁 중에도 예배에 참석할 수 있도록 배려했다. 후버(Herbert Clark Hoover, 31대)는 주일에 관광하는 것을 거부했으며, 트루먼(Harry S. Truman, 33대)은 주일만은 낚시를 하지 않았다. 이처럼 대부분의 대통령이 하나님을 경외하고 사랑했다.

"미 합중국은 성경을 반석으로 삼아 서 있다."

— 앤드류 잭슨(Andrew Jackson)

하나님을 귀하게 여기는 사람은, 하나님께서 귀하게 여기신다. 하나님의 복을 받은 국가와 가정, 개인은 주님의 날을 지키는 데서부터 시작되었다. 하나님은 주일을 지킴으로 얻는 복을 눈으로 보게 하시는 분이다. 우리는 하나님을 무시하고 주일에 예배를 드리지 못하도록 예배당을 창고로 사용한 공산주의자들의 패망을 역사에서 보았다. 하나님은 말씀하신 바를 분명히 이루시는 분이다.

나를 존중히 여기는 자를 내가 존중히 여기고 나를 멸시하는 자를 내가 경멸하리라 (삼상2:30)

아이젠하워(Dwight D. Eisenhower)

미국 역사상 모든 장관이 그리스도인이었던 때가 있었다. 바로 미국의 제34대 아이젠하워 대통령 때이다. 아이젠하워 대통령 때에 선교사를 가장 많이 파송했으며, 주일이면 모든 가게가 문을 닫고 교회로 가서 예배드렸다. 또한, 학교에서는 성경을 가르치고 기도로 수업을 시작했다고 한다.

'미국 최고의 대통령', '역사상 가장 훌륭한 지휘관'이라는 수식어가 따라다니는 그는 연합군 총사령관으로 세계 역사상 최대의 전투인 노르망디 상륙 작전을 이끌었다. 288만 명의 군대와 1만 3천7백 대의 전투기와 9천 척의 군함이 동원된 지상 최대의 상륙작전을 성공으로 이끌었다. 아이젠하워가 연합군 총사령관으로 임명되어 비행기를 타고 영국으로 갈 때 그는 하나님의 말씀인 성경만을 휴대하고 있었다. 노르망디 상륙작전이 성공적으로 끝난 이후에 그는 전쟁 상황을 이렇게 간증했다.

"작전이 시작된 24시간 동안 벌어진 사건들은 전능하시고 자비하시며 위대하신 하나님을 경험할 수 있었습니다. 악천후 같았던 날씨가 갑자기 개이면서 공습을 감행할 수 있었고 아군의 피해는 우리가 예상했던 것보다 놀라우리만큼 적었습니다."

노르망디 상륙작전 며칠 전 그는 작전 수행을 준비하고 있는 군인들에게 말했다.

"장병 여러분, 우리는 이 작전을 준비하기 위해 많은 땀을 흘렸다. 세계가 여러분을 바라보고 있다. 여러분의 용기와 맡은 임무에 대한 헌신적인 자세를 보며 이번 전투에 대해 무한한 자신감을 가지고 있다. … 이 위대한 임무를 수행하는 우리 모두에게 하나님의 축복이 함께 하시기를 간구한다."

아이젠하워는 신앙의 가문에서 자랐다. 그의 본래 이름은 드와이트 데이비드 아이젠하워(Dewight David Eisenhower)로 드와이트는 대부흥사 무디의 이름에서 따왔고, 데이비드는 다윗의 이름에서 따왔다. 우리는 그의 이름에서 부모의 신앙을 알 수 있다. 어머니는 성경을 읽어주며 평화를 사랑해야 한다고 가르쳤으며, 아버지는 "하나님을 경외하라"라고 가르치며 철저하게 주일 성수에 모범을 보였다. 그는 어려서부터 자연스럽게 성경을 즐겨 읽었고 기도의 삶을 살았다. 어릴 때 급성 패혈증으로 다리를 절단해야 할 위기를 맞은 적이 있었지만, 기도의 응답으로 기적적으로 회복했고, 이 사건은 살아계신 하나님에 대해 더 큰 확신을 가지고 살도록 했다.

그는 전쟁 중에도 항상 성경을 휴대하고 읽었다. 어려운 순간마다 말씀을 묵상하면서 하나님의 지혜를 구했다. 그는 다른 사람들에게 온화했으며 신뢰감을 주는 지도자였다.

아이젠하워가 늘 묵상한 말씀은 스가랴 4장 6절이었다.

만군의 여호와께서 말씀하시되 이는 힘으로 되지 아니하며 능력으로 되지 아니하고 오직 나의 영으로 되느니라 (슥 4:6b)

아이젠하워는 철저하게 주일을 성수했다. 군에 갓 입대한 소위 시절, 주일이면 전차 안, 탱크 안에 아이들을 데려다가 성경을 가르치고 하나님을 말씀을 전했다고 한다.

또한, 아이젠하워는 대통령 재임 8년 동안 철저히 주일을 지켰다. 소련수상이었던 후르시초프(Nikita Sergeyevich Khrushchev)가 미국을 방문한 날이 주일이었다. 하지만 아이젠하워는 후루시초프와 함께 하는 일정은 뒤로 하고 먼저 예배를 드렸다. 당시 그는 이렇게 말했다.

"예배보다 더 중요한 것이 없습니다. 당신은 제가 초청한 귀한 손님이지만 예배보다 더 귀할 수는 없습니다."

아이젠하워는 주일 성수의 중요성을 알고 있었기에 주일이면 언제나 예배를 최우선시하였던 것이다. 아이젠하워는 주일을 철저하게 지킨 믿음의 사람으로 후대에까지 널리 알려져 있다.

워너 메이커(John Wanamaker)

존 워너메이커는 마케팅의 개척자로 인정받는 미국의 기업가다. 그는 워너메이커 백화점을 설립해 '백화점 왕'으로 불리기도 했다. 1889년에는 벤저민 해리슨(Benjamin Harrison) 대통령으로부터 체신부(遞信部) 장관으로 임명을 받으며 정치계에서도 활약했다.

펜실베이니아주 필라델피아에서 태어난 워너 메이커는 베다니 장로교회의 교회학교 교사였으며, 무디(Dwight Lyman Moody)와 피어선(Arthur Tappan Pierson)의 친구로 YMCA에 많은 후원을 하였다. '주일 아침식사 후원 선교회'(Sunday Breakfast Rescue Mission)를 만들어서 집 없는 사람들을 도왔다.

워너 메이커는 체신부 장관을 맡은 4년 동안 왕복 10만 마일의 여행을 하면서도 주일 성수는 물론이고, 교회학교에서 다음 세대를 성실하게 가르쳤다. 그가 대통령에게 교회학교 교사와 주일 성수를 계속하는 조건으로 장관직을 수락한 것은 너무나 유명한 일화다.

에릭 헨리 리델(Eric Henry Liddell)

에릭 헨리 리델은 스코틀랜드의 육상 선수로 영화 〈불의 전차〉(1981년)의 주인공으로 유명한 인물이다. 그의 부모는 중국 톈진 선교사였다.

100m 세계 신기록 보유자였던 그는 1924년 프랑스 파리 올림픽의 유력 우승후보였다. 그런데 100m 경기가 주일에 열리자 국민들의 비난을 각오하고 출전을 포기했다. 대신 주 종목이 아닌 200m에서 동메달을 목에 걸었다. 그리고 때마침 400m에 출전한 선수가 갑자기 뛸 수 없게 되어 그 자리를 메꾸게 되었다. 한 번도 뛰어 보지 않은 400m 경주에 출전한 그는 놀랍게도 47.6초 세계신기록을 기록하며 금메달을 목에 걸었다. 당시 그의 손에는 '나를 존중히 여기는 자

를 나도 존중하리라'라고 쓰인 쪽지가 들려져 있었다.

이듬해 신학교를 졸업한 에릭 리델은 중국으로 건너가 선교사로 헌신하다가 제2차 세계대전 중 일본군에 의하여 웨이셴수용소에 억류되었다가 병으로 삶을 마감했다.

에릭 리델은 주일이 '주님을 위한 날'임을 삶으로 보여준 위대한 신앙인이었다.

빌 로젠버그(Bill Rosenberg)

'던킨'(Dunkin')은 미국의 도넛 및 카페 프랜차이즈 기업이다. "가장 좋은 상품을 가장 신선한 상태에서 판매한다"라는 기업 이념을 지닌 던킨은 세계에서 손꼽는 프랜차이즈로 전 세계에 1만여 개 이상의 점포를 운영하고 있다.

던킨의 창업자 빌 로젠버그는 1912년 보스턴의 가난한 가정에서 태어났다. 어려운 집안 형편 때문에 제대로 된 교육을 받지 못했던 그는 '예수님을 잘 섬기며 하나님 중심의 믿음으로 살겠다'고 결심하며 어린 나이에 일찍 일을 시작했고 철저한 십일조 생활과 주일 성수를 했다.

얼음 장수로 사업을 시작한 그는 영역을 넓혀 공장 및 건설 노동자에게 커피와 샌드위치를 팔아서 큰돈을 벌었다. 이후 '던킨도너츠'라는 세계적인 회사를 설립하게 되었다. 로젠버그는 72세를 맞이한 생일 축하 자리에서 이렇게 말했다.

"저는 제대로 교육을 받지 못하고 가난한 환경에서 자랐지만 하나님께서 저를 도와주셨습니다. 지금까지 오직 하나님께서 은혜주셨기에 오늘이 있는 것입니다. 저는 하나님을 잘 섬기며 사는 것이 삶의 첫 번째 목적입니다. 그러한 제게 하나님은 약속하신 대로 복을 주셨습니다. 지식이 성공을 가져다주는 것이 아니라 주님을 향한 태도가 축복과 성공을 가져다준다는 사실을 믿습니다."

그는 자신의 삶을 통해 약속을 반드시 이루어 주시는 신실하신 하나님을 고백한 신앙인이었다.

트루엣 캐시(Truett Cathy)

칙필레(Chick-fil-A)는 미국 애틀랜타의 위성 도시인 헤이프빌(Hapeville)에 본사를 둔 치킨 패스트푸드 체인점이다. 메뉴 대부분의 재료가 닭고기이며, 감자튀김이 긴 벌집 모양의 와플 프라이라는 것이 특징이다. 특히 칙필레의 특제소스가 메뉴들과 잘 어울려 좋은 평가를 얻고 있다. 현재 미국 내에 2,400개의 지점이 있으며, 6년 연속 미국인들이 가장 좋아하는 패스트푸드 레스토랑으로 선택받았다(2020년 기준).

칙펠레의 창업주인 트루엣 캐시는 독실한 그리스도인으로 주일 성수를 철저히 하고 있다. 2018년 기준, 세계 유명 치킨 프랜차이즈인 KFC의 시장 점유율은 15퍼센트였으나 칙필레는 두 배인 33퍼센트의 점유율을 기록했다. 그뿐만 아니라 미국의 대표 프랜차이즈인 맥도날드, 스타벅스, 써브웨이, 타코벨에 이어 매출 5위를 기록했다 (2019년 기준). 이는 주일에 문을 닫고 이룬 성과이기에 더욱 놀라운 결과이다.

주일 성수를 가볍게 여기고 위협받는 시대에 곳곳에 주일을 성수하는 자들이 있음은 참으로 감사한 일이 아닐 수 없다.

이희돈

아시아인 최초로 세계무역센터협회 총재를 역임한 이희돈 장로의 집안은 함경남도에서 교육감을 역임한 외할아버지로부터 예수를 받아들였고, 이희돈 장로는 가정에서 친할머니로부터 신앙을 이어받았다.

이희돈 장로가 어릴 때 할머니께서는 눈이 침침하다며 성경을 읽어달라고 하셨고, 성경을 읽어드릴 때마다 용돈을 주셨다고 한다. 그는 지혜로운 할머니 덕에 초등학교 때 성경을 완독할 수 있었다.

그는 자라서 유학을 떠나게 되었는데, 가진 것은 부모님이 주신 편도 티켓 한 장뿐이었다. 그리고 부모님이 주신 봉투에는 현금 대신 편지 한 장이 들어 있었다. 편지에는 "네 조상의 하나님이 너를 도우시리라"라는 말씀만 적혀 있었는데, 이 편지는 그가 평생 잊지 못할 말씀이 되었다.

스페인 마드리드 국립대학교에서 국가 박사학위를 받고 옥스퍼드 대학, 케임브리지대학에서 공부했다. 그리고 교토대학에서 교수 초빙을 받았지만, 멕시코 오지 마을의 인디언 선교를 위해 교수직을 버리고 가족과 함께 떠났다. 그가 선교지에 있는 동안 국제무역센터에서는 매일 콜링을 했다. 그가 하나님이 말씀하실 때까지 움직일 수 없다고 하자, 그의 능력을 더 높이 사 오히려 몸값만 높이 치솟았다.

이후 하나님의 음성에 따라 1998년 세계 무역 센터 최연소(38세) 이사와 부의장으로 간 그는 수석부총재를 거쳐 아시아계로는 처음으로 세계무역센터협회(WTCA) 총재에 올랐고, 옥스퍼드대학교 종신 교수와 HMC 이사를 역임했다.

2002년에는 WTCA 최연소 이사회 부의장에 선출됐다. 미국 인명사전(Marquis' Who's Who)에 미국을 움직이는 주요 인물로 등재되었으며 국제 민간 무역 총괄 단체인 국제무역기구(International Trade Organization: ITO)의 총재 및 세계무역은행(World Trade Bank) 설립 이사회 의장직을 맡았다.

그는 매일 새벽마다 기도로 시작하며 성경을 암송했다. 5개 국어로 된 성경책을 한 장씩 찢어서 가지고 다니며 외웠고, 한 달에 몇 차례씩 국외로 출장을 나가도 주일이면 어김없이 워싱턴성광침례교회로 돌아가서 예배를 드렸다. 어떤 때는 비행기를 두 번씩 갈아타고 교회에 도착하여 차량 안내 봉사를 하고 예배를 드린 후 다시 비행기를 타고 출장지로 가서 업무를 보았다.

그는 세계에서 가장 영향력 있는 무역단체의 수장이 되었다. 그는 말씀에 순종하기 위해 노력하며 기도의 삶을 살다가 2020년 9월 3일 하나님의 부르심을 받았다. 그의 고백은 지금도 많은 사람의 마음을 울린다.

"많은 분이 꿈을 가지라고 조언하지만 그보다 더 중요한 것은 기도하는 것입니다. 하나님의 응답이 지연되기도 하지만 반드시 응답해 주신다는 것을 믿어야 합니다. 하나님은 믿음으로 도전하는 자를 사용하십니다. 믿음으로 과감히 세상과 맞서십시오. 하나님은 항상 우리에게 좋으신 아버지이십니다."

제5장

주일 성수의
풍성한 열매

제5장

주일 성수의
풍성한 열매

노력한 만큼 대가를 기대하는 것이 사람의 심리이다. 어떤 이는 노력하지 않고 횡재하려는 얄팍한 마음을 가지기도 한다. 반면, 죽도록 노력하고도 성과가 없어 절망하고 비관하여 절망에 빠지는 사람들도 있다.

이처럼 인간의 노력은 결과를 예측할 수가 없다. 그러나 주일을 지키는 자에게는 반드시 결과가 있다. 하나님께서 주신 몸을 쉬지 않고 가동하여 온몸을 내던진 결과는 병과 죽음뿐이다.

오늘날 많은 사람이 주일을 무시하고, 돈이라는 미끼를 가지고 생산성 향상을 꾀하고 있지만 그 결과는 너무도 뻔하다. 물질을 모으는 일에 너무 바빠서 쉬는 날 없이 일한다면 일시적으로 재물을 더 많이 소유할 수 있을지라도 건강을 잃을 뿐 아니라 영적으로 메말라 갈 것이 분명하다.

두 사람이 개를 데리고 북극 여행을 시작하였다. 한 사람은 하루도 쉬지 않고 북극 여행을 하며 목적지로 향했다. 또 다른 사람은 주일에는 쉬면서 목적지로 향했다. 쉬지 않고 달린 사람은 개가 병이 나고 자신도 지쳐서 목적지에 도착하는 데 오히려 오랜 시간이 걸렸다. 그러나 주일을 쉰 사람은 예정보다 빨리 목적지에 도착하였다. 안식은 영적인 유익이 있을 뿐 아니라 육적으로도 열매를 주기 때문이다.

주일 성수는 믿음을 보여 주는 척도가 된다. 주일을 지킨다는 것은 우리의 노력을 의지하지 않고 온전히 하나님을 의지해서 일하며 안식한다는 것을 보여 주는 것이기 때문이다. 그러므로 주일을 무시하는 것은 바로 하나님을 무시하는 행위이다.

하나님께서는 주일을 지키며 일하는 사람을 존귀하게 여기셔서 많은 열매를 얻도록 하신다. 많은 열매를 원한다면 많은 열매를 주시는 주님의 뜻을 지켜야 한다.

"하나님께서는 안식일을 주심으로 1년에 52주 365일이라는 샘물을 주셨다."

– 콜리지

주일에 담긴 하나님의 사랑

주일은 하나님께서 자신의 사랑을 표현하신 날이다. 사람이 한평생 살면서 주일을 맞이하는 기회는 대략 4천 번 정도라고 한다. 하나님은 우리에게 4천 번의 기회를 주시고 계속하여 일방적인 사랑을 공급하신다.

우리 인생이 하나님의 사랑 속에서 살아가야만 하는 존재임을 아는 자는 매주 다가오는 주일을 귀하게 여기지만, 하나님의 존재를 부인하거나 깊이 깨닫지 못한 자들은 주일 어기기를 식은 죽 먹듯 한다.

주일은 사랑하는 자녀들에게 휴식과 함께 하나님으로부터 영적인 재충전을 받아 세상에서 힘 있게 살 수 있도록 배려하신 날이다. 6일 동안 세상으로 내보낸 자식들을 불러서 함께 대화하므로 그들의 어려움을 듣고 필요한 것을 주어서 세상에서 멋있게 살아가라고 말하는 부모의 마음처럼, 하나님은 이날을 통해 그의 백성에게 새로운 용기를 북돋아 주신다. 따라서 주일을 지키는 것은 삶의 전환점이 될 수 있다. 주의 날을 귀하게 여긴 자에게는 하나님의 사랑을 부어주셨지만 주의 날을 어긴 자에게는 그만한 대가를 주셨음을 기억해야 한다.

하나님은 자녀 된 자들이 이날에 하나님께서 주시는 복을 누리기를 원하신다. 그러나 인생의 행복이 노력이나 자신의 의지에 달렸다고 착각하는 자들은 "바빠서 주일을 지킬 수 없어요!"라고 말할 것이다. 그런 우리에게 계속해서 안식일을 철저히 지키라고 요구하시니 이 얼마나 끈질긴 사랑인가?

안식일을 지켜 더럽히지 아니하며 그의 손을 금하여 모든 악을 행하지 아니하여야 하나니 이와 같이 하는 사람, 이와 같이 굳게 잡는 사람은 복이 있느니라 (사 56:2)

"안식일은 하나님께서 노동자에게 준 특별한 은혜이니 그 중요한 목적은 그들의 수명을 길게 하고 그 능률을 증진시키기 위함이다"

– 푸라트기

주일은 인생 행복의 창문

하나님은 주일을 잘 지킨 자들을 풍요롭게 하시고 웃게 하신다. 하나님은 주일을 귀하게 여기는 자를 그냥 지나치지 않으신다고 성경은 분명히 말씀하고 있다.

여호와께서 이와 같이 말씀하시기를 나의 안식일을 지키며 내가 기뻐하는 일을 선택하며 나의 언약을 굳게 잡는 고자들에게는 내가 내 집에서, 내 성 안에서 아들이나 딸보다 나은 기념물과 이름을 그들에게 주며 영원한 이름을 주어 끊어지지 아니하게 할 것이며 … 내가 곧 그들을 나의 성산으로 인도하여 기도하는 내 집에서 그들을 기쁘게 할 것이며 (사 56:4-5,7)

주일을 지킨 자가 받는 복을 요약하면 다음과 같다.

첫째, 인생의 복이다. 하나님께서 주시는 것이기에 사람이 주는 복과 비교되지 않을 것이다.

둘째, 기쁨이다. 세상 사람들은 기쁨을 얻기 위해 온갖 방법을 다 사용한다. 특히 자녀를 생산치 못하여 슬픔과 좌절에 잠겨 있을지라도 하나님은 자녀보다 더 나은 기념물을 주시겠다고 하셨으니 주의 날을 지키는 것이 얼마나 큰 기쁨인가를 짐작해 볼 수 있다.

셋째, 번영과 안정이다. 땅의 높은 곳에 올리겠다고 하신 이사야 58장 14절의 약속을 통해 이 사실을 알 수가 있다.

네가 여호와 안에서 즐거움을 얻을 것이라 내가 너를 땅의 높은 곳에 올리고 네 조상 야곱의 기업으로 기르리라 여호와의 입의 말씀

이니라 (사 58:14)

주의 날을 귀하게 여기면 신실하신 하나님께서 분명히 약속을 시
행하실 것이다.

이 날은 여호와께서 정하신 것이라 이 날에 우리가 즐거워하고
기뻐하리로다 (시 118:24)

"안식일이 없는 세계는 웃음이 없는 세계요, 꽃이 없는 여름이요,
뜰이 없는 주택이다. 안식일은 일주일 중에 가장 기쁜 날이다"

– 피쳐

주일은 재생산을 위한 날

사람은 이기심 때문에 자신과 이웃을 불행하게 만들 뿐 아니라 하
나님의 사랑을 거부하는 어리석음을 범한다.

풍요로움과 휴식, 재생산을 위해 하나님께서 주신 복된 날이 바로
주일이다. 주님은 이날을 기억하여 거룩하게 지키라고 하셨다. 만약

주일 없이 살아간다면 사람들은 지쳐서 쓰러지고 말 것이다. 인간을 지으신 하나님은 인간의 생체리듬을 가장 잘 아신다. 7일 만에 쉬어야 재생산의 열매를 얻을 수 있다는 사실을 잘 아시기에 안식을 명령하신 것이다. 하나님은 인간을 사랑하셔서 주일을 주시고, 휴식을 통한 영육의 재충전과 재생산 그리고 활기찬 삶을 허락하셨다.

하나님께서 만드신 안식의 법칙을 무시하고는 좋은 결과를 얻을 수 없다. 쉬어야 할 시간에 쉬지 않고 죽도록 일하는 사람들이 얼마나 많은가? 서양은 주일을 지켰고, 동양은 주일 없이 일했으나 오늘날 오히려 서양이 모든 부분에서 앞서고 있다.

모든 인간은 주일을 통해 쉼을 얻고 재충전의 시간을 가져야 한다. 살기가 바빠서 주님의 날을 무시한다면 삶은 붕괴하고 말 것이다.

수고하고 무거운 짐 진 자들아 다 내게로 오라 내가 너희를 쉬게 하리라 (마 11:28)

"나의 길고 바쁜 생애를 생명과 용기로 유지할 수 있었던 것은 안식일을 지켰기 때문이다."

— 글래드스턴(William Ewart Gladstone)

제6장

주일 성수의
자세

제6장

주일 성수의
자세

보통 젊은 세대로 갈수록 주일을 적당히 지키려는 자세를 가진 경우가, 윗세대의 경우에는 어떤 일이 있어도 주일을 잘 지켜야 한다고 생각하는 경우가 많다. 그러나 주일 성수의 문제를 세대 간의 생각과 상황의 차이로 여겨서는 안 된다. 주일 성수의 기준은 오직 성경이어야 한다. 성경이 전하는 주님의 뜻은 우리가 주일에 안식하는 것이다.

일곱째 날은 네 하나님 여호와의 안식일인즉 너나 네 아들이나 네 딸이나 네 남종이나 네 여종이나 네 소나 네 나귀나 네 모든 가축이나 네 문 안에 유하는 객이라도 아무 일도 하지 못하게 하고 네 남종이나 네 여종에게 너 같이 안식하게 할지니라 (신 5:14)

주일 성수를 통해 쉼을 얻게 하시는 하나님의 뜻을 그대로 받아들이는 것이 중요하다. 육체적인 안식을 위해서는 일을 중단해야 한다. 그렇게 하기 위해서는 행동 지침이 필요하다

1) 자신과 가족 모두 주일은 반드시 쉰다.
2) 다른 사람 즉, 고용한 사람도 쉬게 한다.
3) 쉼을 통해 발생하는 손해를 감수한다.

자기를 부인하는 자세를 가져야 한다

또 무리에게 이르시되 아무든지 나를 따라오려거든 자기를 부인

하고 날마다 제 십자가를 지고 나를 따를 것이니라 (눅 9:23)

주일을 지키려면 노동을 그치고 사업을 쉬어야 하므로 현실적으로 손해를 보게 된다. 여가나 오락도 포기해야 한다. 그러나 이를 감수하고자 하는 자세를 가져야 한다. 분명한 것은 주일 성수를 통해 하나님으로부터 얻는 것이 훨씬 많다는 사실이다. 주일 성수를 포기하고 현실과 타협함으로 많은 것을 잃어버리는 사람들이 얼마나 많은지 모른다. 십자가와 자기 부인의 결과는 풍성한 열매요 부활이다.

하나님께서 공급자이심을 믿어야 한다

자기 아들을 아끼지 아니하시고 우리 모든 사람을 위하여 내주신
이가 어찌 그 아들과 함께 모든 것을 우리에게 주시지 아니하겠
느냐 (롬 8:32)

하나님은 모든 것의 공급자이시다. 주님의 뜻을 행하기 위해 손해
보고 내려놓을 때 하나님은 내가 노력해서 얻는 것과는 비교되지 않
는 풍성함으로 채워 주신다.

주님을 위한 자세를 가져야 한다

날을 중히 여기는 자도 주를 위하여 중히 여기고 먹는 자도 주를
위하여 먹으니 이는 하나님께 감사함이요 먹지 않는 자도 주를
위하여 먹지 아니하며 하나님께 감사하느니라 (롬 14:6)

주일을 지키면서 외적인 형식과 습관을 따르는 데 집중하고 있는
지, 아니면 '주를 위하여' 전심으로 예배하고 있는지 점검해 보아야

한다. 주님을 위한 자세를 가질 때 내 편의를 위한 타협에서 벗어날
수 있을 것이다.

이웃을 사랑하는 자세를 가져야 한다

온 율법은 네 이웃 사랑하기를 네 자신 같이 하라 하신 한 말씀에
서 이루어졌나니 (갈 5:14)

이웃을 배려하고 사랑하는 마음을 가질 때 주일 성수에 따른 갈등
을 최대한 줄일 수 있다. 탁월한 섬김과 봉사의 자세를 가질 때 직장
과 이웃으로부터 인정을 받고, 이를 통해 주일 성수 문제로 어려움을
당하는 일에서 벗어날 수 있을 것이다.

천국의 황홀한 안식을 사모하며 지켜야 한다

천국은 영원하고 완전한 안식이 있는 곳이다. 성도들은 주일을 지
킬 때마다 영원한 안식을 생각해야 한다. 영원한 안식의 처소인 천국

은 아픔도 없고, 애통함도 없는 곳이다. 주일은 영원한 안식인 천국의 예표로 천국의 안식을 미리 알려 주신 것이다. 그러므로 성도들은 주일을 지킬 때 영원한 안식의 장소인 천국에 대한 기대감을 잊지 말아야 한다.

모든 눈물을 그 눈에서 닦아 주시니 다시는 사망이 없고 애통하는 것이나 곡하는 것이나 아픈 것이 다시 있지 아니하리니 처음 것들이 다 지나갔음이러라 (계 21:4)

예수님을 믿는 자가 지키는 주일은 영원한 안식을 보장받은 성도들에게 복된 날임을 기억해야 한다.

또 내가 들으니 하늘에서 음성이 나서 이르되 기록하라 지금 이후로 주 안에서 죽는 자들은 복이 있도다 하시매 성령이 이르시되 그러하다 그들이 수고를 그치고 쉬리니 이는 그들의 행한 일이 따름이라 하시더라 (계 14:13)

찬송가 43장 〈즐겁게 안식할 날〉 가사는 이렇게 기록되어 있다. "이 주일 지킴으로 새 은혜 입어서 영원히 쉬는 곳에 다 올라갑시다."

주일은 성도들이 천국의 백성임을 드러내고 천국을 소망 삼는 복된 날이다. 주일을 온전히 지키는 자가 이 땅에서 미리 천국을 맛보며 살게 된다.

부활을 주신 은혜에 감사하며 지켜야 한다

초대 교회 성도들이 주일을 지키는 자세는 언제나 기쁨이 넘쳤을 것이다. 주님이 부활하신 그날의 감격을 주일에 생각했을 것이기 때문이다. 부활하신 주님을 본 감격은 바로 자신들에게도 주실 부활의 감격을 기대하게 만들었기에 감격하며 주일을 지켰을 것이다. 성도들은 예수님께서 부활하신 날을 주일로 지키며 우리에게 주실 부활을 확신하고 기대하며 지켜야 한다.

다시는 죽음이 우리를 굴복시키지 못한다

주일이 되면 우리는 부활의 감격으로 기쁘게 주일을 지키고 예배를 드려야 한다. 주일을 잘 지키면 하나님께서 기뻐하시고 부활의 소망과 즐거움을 주신다. 안식일에 대해 말씀하실 때 하나님은 명예를 걸고 약속하셨다.

네가 여호와 안에서 즐거움을 얻을 것이라 내가 너를 땅의 높은 곳에 올리고 네 조상 야곱의 기업으로 기르리라 여호와의 입의 말씀이니라 (사 58:14)

밤이 어두울수록 빛이 더욱 빛난다. 주변에 주일을 잘 지킨 자의 놀라운 간증은 오늘도 계속되고 있다. 세월이 지난 후, 주일을 잘 지키고 하나님의 말씀대로 산 복된 삶이었다고 간증하는 자가 되자.

제7장

주일에 대한
질문

제7장

주일에 대한 질문
Q & A

Q. 주일 성수를 왜 꼭 해야 하는지 알려 주십시오.

A. 주일은 성경이 가르치는 안식일의 의미가 그대로 담겨 있습니다. 안식일을 지키라고 명령하셨던 하나님은 우리가 주일을 철저히 지키기를 원하십니다. 주일을 지키지 않거나 내 편의에 따라 지키는 것은 안식일을 철저하게 지키라는 하나님의 명령을 가볍게 여기는 것으로 하나님을 모독하는 행위라고 할 수 있습니다. 하나님은 우리에게 생명과 함께 예수님을 통해 영생을 주셨습니다. 그러므로 하나님께서 내 삶의 모든 것을 주관하신다는 사실을 알고 하나님의 명령에 순종해야 합니다.

Q. 온전한 주일 성수를 하면 어떤 유익이 있습니까?

A. 주일을 잘 지킬 때 하나님께 영광을 돌려 드릴 수 있으며, 한편으로 우리에게도 큰 유익이 있음을 약속하셨습니다.

"네가 여호와 안에서 즐거움을 얻을 것이라 내가 너를 땅의 높은 곳에 올리고 네 조상 야곱의 기업으로 기르리라"(사 58:14)

이 말씀은 안식일을 지킨 자에게 주시는 하나님의 축복의 약속으로, 하나님과의 교제를 통해 누릴 수 있는 진정한 즐거움과 번영을 약속하고 계신 것입니다.

Q. 주일을 어떤 마음으로 지켜야 합니까?

A. 구약 시대에는 안식일을 어기면 즉시 벌을 받아 죽었기 때문에 두렵고 떨리는 마음으로 지켰습니다. 그러나 예수님께서 오신 이후에는 율법을 어겼다고 벌을 받지 않습니다. 만약 구약 시대와 같은 일들이 일어나면 살아남

아 있을 사람이 많지 않을 것입니다. 예수님의 은혜로 구원받은 성도들은 주님의 십자가의 은혜를 생각하며 억지나 두려움이 아닌 감사와 적극적인 마음으로 더 잘 지켜야 합니다.

Q. 주일에 가족 및 지인 행사가 많습니다. 그런 경우 어떻게 주일을 준비해야 할까요?

A. 먼저 주일을 사모하는 마음이 있어야 합니다. 사탄의 방해를 이길 수 있도록 사모하는 마음을 가지고 기도로 준비해야 합니다. 어떤 집사님은 남편과 시댁의 핍박과 반대로 인해 한 주일 내내 주일 성수를 위해 간절히 기도했고, 그 기도가 응답받아 주일 성수를 온전하게 할 수 있었습니다. 그뿐만 아니라 지금은 남편과 온 가족 그리고 시댁 식구까지 믿음의 가족이 되었습니다.

주일 성수에 우선순위를 두기로 믿음으로 결정하면 주일에 행사를 피하게 해주시고, 헤쳐나갈 수 있는 지혜도 주실 것입니다.

주일

초판 1쇄 발행   2020년 12월 24일

지은이   배창돈
발행인   이영훈
편집인   김영석
편집장   신성준
기획·편집   김나예
제작·마케팅   김미현
디자인   김한희

펴낸곳   교회성장연구소
등 록   제 12-177호
주 소   서울특별시 영등포구 여의공원로 101 CCMM빌딩 7층 703B호
전 화   02-2036-7928(편집팀)
팩 스   02-2036-7910
홈페이지   www.pastor21.net
페이스북   www.facebook.com/pastor21

ISBN | 978-89-8304-305-4 03230

"무슨 일을 하든지 마음을 다하여 주께 하듯 하라"(골 3:23)

교회성장연구소는 한국 모든 교회가 건강한 교회성장을 이루어 하나님 나라에 영광을 돌리는 일꾼으로 성장하는 것을 목표로, 목회자의 사역은 물론 성도들의 영적 성장을 도울 수 있는 필독서들을 출간하고 있다. 주를 섬기는 사명감을 바탕으로 모든 사역의 시작과 끝을 기도로 임하며 사람 중심이 아닌 하나님 중심으로 경영한다. "무슨 일을 하든지 마음을 다하여 주께 하듯 하라"는 말씀을 늘 마음에 새겨 하나님께서 주신 사명을 기쁨으로 감당한다.